माथियास फाडलर

स्थावर संपदा की उन्नत मैचिंग की परिकल्पना: स्थावर संपदाओं की मध्यस्थता का सरलीकरण

स्थावर संपदा की मैचिंग: एक उन्नत मैचिंग पोर्टल के जरिए स्थावर संपदाओं की उन्नत, आसान और पेशेवर मध्यस्थता

प्रकाशन विवरण

मुद्रित पुस्तक के रूप में पहला संस्करण | फरवरी 2017
(मूल संस्करण जर्मन में, दिसंबर 2016)

© 2016 माथियास फीडलर

माथियास फीडलर
एरिका फ़ॉन ब्रॉकडॉर्फ स्ट्रास्स. 19
41352 कोर्शेनब्रोइख़
जर्मनी
www.matthiasfiedler.net

उत्पादन और मुद्रण:
कृपया अंतिम पृष्ठ के मुद्रण को देखें

आवरण पृष्ठ की अभिकल्पना: माथियास फीडलर
ई-बुक का सृजन: माथियास फीडलर

आईएसबीएन -13 (पेपरबैक): 978-3-947082-21-6
आईएसबीएन -13 (ई-बुक मोबी): 978-3-947082-22-3
आईएसबीएन -13 (ई-बुक ई-पब): 978-3-947082-23-0

जर्मन राष्ट्रीय पुस्तकालय की पुस्तक सूची संबंधी सूचना:
जर्मन राष्ट्रीय पुस्तकालय ने इस प्रकाशन को जर्मनी की राष्ट्रीय संदर्भ सूची में सूचीबद्ध किया है; इस संदर्भ में विस्तृत जानकारी इंटरनेट पर वेबसाइट http://dnb.d-nb.de से ली जा सकती है।

सारांश

इस पुस्तक में स्थावर संपदाओं की मैचिंग के लिए एक सार्वभौमिक पोर्टल (एप - एप्लिकेशन) का विवरण, आमदनी की विचारणीय संभावनाओं के साथ (अरबों यूरो) दिया गया है; इस पोर्टल को स्थावर संपदा एजेंट के सॉफ्टवेयर में स्थावर संपदा के मूल्यन के साथ एकीकृत किया जाना है (खरबों यूरो की आमदनी की संभावना) इसके माध्यम से आवासीय और व्यापारिक परिसंपत्तियों को, चाहें वह निजी उपयोग की हों अथवा किराये वाली हों, सुगमता से और कम समय में ढूंढा जा सकता है। स्थावर संपदाओं के सभी एजेंटों और इनके संभावित खरीदारों के लिए यह उन्नत और पेशेवर स्थावर संपदा मध्यस्थता का भविष्य है। स्थावर संपदा मैचिंग लगभग सभी देशों में और यहां तक कि अंतर्राष्ट्रीय स्तर पर भी काम करेगी।

स्थावर संपदा को खरीदार अथवा किरायेदार के पास "ले जाने" की जगह, स्थावर संपदा मैचिंग पोर्टल में इच्छुक खरीदारों को (खोज प्रोफाइल के आधार पर) छांटा जाता है और स्थावर संपदा एजेंट के पास उपलब्ध स्थावर संपदाओं से मिलान किया जाता है और उसे उसके साथ जोड़ दिया जाता है।

विषय सूची

आमुख

मैंने वर्ष 2011 में यहां बताई गई स्थावर संपदाओं की मैचिंग की परिकल्पना के बारे में सोचा और इसे विकसित किया।

मैं सन 1998 से स्थावर संपदा उद्योग से जुड़ा हुआ हूं (स्थावर संपदा की मध्यस्थता, खरीद और फरोख्त, मूल्यांकन, लीजिंग और भूमि विकास) स्थावर संपदा प्रशासन में स्नातक (एडीआई) होने के साथ मैं स्थावर संपदा व्यवसाय प्रशासक (आईएचके), और स्थावर संपदा मूल्यन विशेषज्ञ(डीईकेआरए) हूं और स्थावर संपदा के अंतर्राष्ट्रीय ख्यातिप्राप्त संघ रॉयल इंस्टिट्यूशन ऑफ चार्टर्ड सर्वेयर्स (एमआरआईसीएस) का सदस्य भी हूं।

माथियास फीडलर

कोर्शेनब्रोइख़, 31.10.2016

www.matthiasfiedler.net

1. स्थावर संपदा की उन्नत मैचिंग की परिकल्पना: स्थावर संपदाओं की मध्यस्थता का सरलीकरण

स्थावर संपदा की मैचिंग: एक उन्नत मैचिंग पोर्टल के जरिए स्थावर संपदाओं की उन्नत, आसान और पेशेवर मध्यस्थता

स्थावर संपदा को खरीदार अथवा किरायेदार के पास "ले जाने" की जगह, स्थावर संपदा मैचिंग पोर्टल (एप - एप्लिकेशन) में इच्छुक खरीदारों को (खोज प्रोफाइल के आधार पर) छांटा जाता है और स्थावर संपदा एजेंट के पास उपलब्ध स्थावर संपदाओं से मिलान किया जाता है और उसे उसके साथ जोड़ दिया जाता है।

2. स्थावर संपदा के संभावित खरीदारों और स्थावर संपदा प्रदायकों के उद्देश्य

स्थावर संपदा के बिक्रीकर्ता अथवा पट्टाकर्ता की दृष्टि से यह महत्त्वपूर्ण है कि वह अपनी स्थावर संपदा जल्द से जल्द और अधिक से अधिक ऊंचे मूल्य पर बेचे अथवा किराए पर दे।

स्थावर संपदा के संभावित खरीदार और किराएदार की दृष्टि से यह महत्त्वपूर्ण है कि वह अपनी इच्छित स्थावर संपदा जल्द से जल्द और बिना किसी अड़चन के खरीदे अथवा किराये पर ले।

3. स्थावर संपदा खोज की वर्तमान प्रक्रिया

आमतौर पर इच्छुक खरीदार अपने मनचाहे क्षेत्र में स्थावर संपदा की खोज इंटरनेट के द्वारा स्थावर संपदा के बड़े पोर्टलों पर देखते हैं। यहां पर ये खरीदार स्थावर संपदा और उनके संबंधित लिंकों को अपने ई-मेल पर भेज सकते हैं यदि वहां पर उन्होंने अपनी एक छोटी सी प्रोफाइल बना रखी है। यह प्रायः 2-3 स्थावर संपदा पोर्टलों पर होता है। इसके बाद प्रदायकों से आमतौर पर ई-मेल के माध्यम से संपर्क किया जाता है। इस तरह से प्रदायकों को संभावित खरीदारों से संपर्क स्थापित करने की संभावना और अधिकार मिल जाता है।

इसके अलावा इच्छुक खरीदार अपने मनचाहे क्षेत्र में कभी कभार स्थावर संपदा एजेंटों से भी संपर्क करते हैं और अपनी खोज प्रोफाइल उन्हें देते हैं।

स्थावर संपदा पोर्टलों के माध्यम से आपूर्ति करने वाले प्रदायक निजी और व्यावसायिक प्रदायक होते हैं। व्यावसायिक प्रदायकों में मुख्य तौर पर स्थावर संपदा एजेंट और आंशिक रूप से निर्माण कंपनियां, स्थावर संपदा व्यवसायी और स्थावर संपदा की अन्य कंपनियां शामिल हैं (इस लेख में व्यावसायिक प्रदायकों को स्थावर संपदा एजेंट के रूप में दर्शाया गया है)।

4. निजी प्रदायकों के नुकसान / स्थावर संपदा एजेंटों के लाभ

वसीयत में मिली संपत्ति को लेकर उत्तराधिकारियों में सहमति नहीं बन पाने अथवा वसीयतनामा नहीं उपलब्ध होने जैसे कारणों की वजह से, खरीद के दौरान निजी बिक्रीकर्ता की ओर से अक्सर स्थावर संपदा की तात्कालिक बिक्री सुनिश्चित नहीं हो पाती है। इसके अलावा निवास के अधिकार जैसे अस्पष्ट कानूनी मुद्दे, बिक्री को अधिक पेंचीदा बना देते हैं।

किराए पर दी जाने वाली स्थावर संपदाओं के मामले में यह हो सकता है कि निजी संपत्ति के स्वामी ने आधिकारिक अनुमति नहीं प्राप्त की हो, उदाहरण के लिए जब एक व्यावसायिक स्थावर संपदा (भूभाग) को आवास के रूप में किराये पर दिया जाए।

जब एक स्थावर संपदा एजेंट प्रदायक के तौर पर सक्रिय होता है तो वह आम तौर पर ऊपर बताए गए पहलुओं को हल कर चुका होता है। इसके अलावा स्थावर संपदा से जुड़े सभी कागजात (मकान का नक्शा, भूखण्ड का नक्शा, रजिस्ट्री, आधिकारिक कागजात, इत्यादि) भी पहले से तैयार होते हैं। - इस प्रकार से जल्दी से और बिना किसी पेचीदगी के स्थावर संपदा की बिक्री अथवा उसे किराये पर देना संभव है।

5. स्थावर संपदा की मैचिंग

संभावित खरीदार और बिक्रीकर्ता अथवा किराये पर देने वाले व्यक्ति के मध्य तीव्र और प्रभावशाली मैचिंग करने के लिए सामान्य तौर पर यह आवश्यक है कि एक संरचनात्मक और पेशेवर रणनीति उपलब्ध कराई जाए।

यहां पर यह स्थावर संपदा एजेंट और इच्छुक खरीदार के मध्य खोजने और मिलने की एक विपरीत प्रक्रिया अथवा पद्धति के माध्यम से होता है। इसका मतलब है कि स्थावर संपदा को खरीदार अथवा किरायेदार के पास "ले जाने" की जगह, स्थावर संपदा मैचिंग पोर्टल (एप - एप्लिकेशन) में इच्छुक खरीदारों को (खोज प्रोफाइल के आधार पर) छांटा जाता है और स्थावर संपदा एजेंट के पास उपलब्ध स्थावर संपदाओं से मिलान किया जाता है और उसे उसके साथ जोड़ दिया जाता है।

प्रथम चरण के रूप में इच्छुक खरीदार स्थावर संपदा मैचिंग पोर्टल पर एक ठोस खोज प्रोफाइल बनाते हैं। इस खोज प्रोफाइल में लगभग 20 विशेषताएं होती हैं। इन विशेषताओं में से निम्न विशेषताएं (अधूरी सूची) खोज प्रोफाइल के लिए महत्त्वपूर्ण हैं।

- क्षेत्र/ पिनकोड/ शहर
- भूखण्ड का प्रकार
- भूखण्ड का क्षेत्रफल
- आवासीय क्षेत्र
- बिक्री/ किराया मूल्य
- निर्माण वर्ष
- तल
- कमरों की संख्या
- किराये पर (हां/ नहीं)
- तहखाना (हां/ नहीं)

- बालकनी/ छज्जा
- गरम करने की पद्धति
- पार्किंग क्षेत्र (हां/नहीं)

यहां पर महत्त्वपूर्ण यह है कि विशेषताओं को भरा नहीं जाना पड़े, इसकी जगह इन्हें दी गई संभावनाओं/ विकल्पों की सूची में से संबंधित विशेषता फील्ड को (जैसे संपदा का प्रकार: अपार्टमेंट, एकल परिवार गृह, गोदाम, कार्यालय....) क्लिक करके अथवा खोल कर चुना जाए।

वैकल्पिक रूप से इच्छुक खरीदारों द्वारा अतिरिक खोज प्रोफाइलें भी दी जा सकती हैं। खोज प्रोफाइल में परिवर्तन करना भी संभव है।

इसके अलावा इच्छुक खरीदार पूर्व-निर्धारित फील्डों में संपर्क हेतु अपना पूरा पता भी देते हैं। इसमें अंतिम नाम,

पहला नाम, मकान संख्या, पिन संख्या, शहर, टेलीफोन संख्या और ई-मेल शामिल हैं।

इसी कड़ी में इच्छुक खरीदार स्थावर संपदा एजेंट द्वारा संपर्क करने और उसकी वेबसाइट से उपयुक्त स्थावर संपदा के बारे में जानकारी भेजे जाने पर अपनी सहमति दे देते हैं।

इसके अलावा इच्छुक खरीदार और स्थावर संपदा मैचिंग पोर्टल का स्वामी एक करार में बंध जाते हैं।

अगले चरण में खोज प्रोफाइल एक प्रोग्रामिंग इंटरफेस (एपीआई - एप्लिकेशन प्रोग्रामिंग इंटरफेस) के माध्यम से - उसी प्रकार से जर्मनी में "openimmo" (ओपेनइम्मो) जैसे प्रोग्रामिंग इंटरफेस के माध्यम से - जुड़े हुए स्थावर संपदा एजेंट को, अदृश्य रूप में, उपलब्ध हो जाती है। यहां पर यह ध्यान दिया जाये कि यह प्रोग्रामिंग इंटरफेस -

क्रियान्वयन की तथाकथित कुंजी - वर्तमान प्रचलन में मौजूद लगभग सभी स्थावर संपदा एजेंट सॉफ्टवेअर को सपोर्ट करे अथवा उनका ट्रांसफर सुनिश्चित करे। अगर ऐसा नहीं है तो यह तकनीकी रूप से संभव बनाया जाए। - ऊपर बताए गए प्रोग्रामिंग इंटरफेस जैसे "openimmo" और अन्य पहले से ही प्रयुक्त किये जा रहे हैं, इसलिए खोज प्रोफाइल का ट्रांसफर संभव होना चाहिए।

तत्पश्चात स्थावर संपदा एजेंट अपने पास उपलब्ध स्थावर संपदा का मिलान खोज प्रोफाइलों से करता है। इसके लिए स्थावर संपदा मैचिंग पोर्टल की संपदाओं को शामिल किया जाता है और प्रत्येक विशेषता का मिलान किया जाता है और उसे लिंक किया जाता है।

सफल मिलान के बाद मैचिंग को समतुल्य प्रतिशत के रूप में दर्शाया जाता है। - उदाहरण के लिए 50% से अधिक

मैचिंग होने पर खोज प्रोफाइल स्थावर संपदा एजेंट सॉफ्टवेयर में दिखने लगती है।

यहां पर सभी विशेषताओं की यहां पर एक दूसरे से तुलना की जाती है (बिंदु प्रणाली) ताकि विशेषता के मिलान के बाद मैचिंग का प्रतिशत (सहमति की संभावना) निकाला जा सके। - उदाहरण के लिए विशेषता "भूखण्ड का प्रकार" को विशेषता "आवासीय क्षेत्र" पर प्राथमिकता दी जाती है। इसके अलावा वे विशेषताएं (जैसे तहखाना) भी चुनी जा सकती हैं जिनका इन स्थावर संपदाओं में होना परम आवश्यक है।

मैचिंग के लिए विशेषताओं के मिलान के संदर्भ में इस बात का ध्यान रखा जाए कि स्थावर संपदा एजेंटों को केवल अपने इच्छित (पंजीकृत) क्षेत्र की एक्सेस दी जाए। इससे आंकड़ों के मिलान में होने वाला खर्च घटता है। खासतौर पर इसलिए क्योंकि संबंधित स्थावर संपदा एजेंट

क्षेत्रीय स्तर पर बहुत आक्रामक तौर पर सक्रिय होते हैं। - यहां पर यह ध्यान दिया जाए कि तथाकथित "क्लाउड" के माध्यम से आजकल बड़ी मात्रा में आंकड़ों का स्टोरेज और प्रोसेसिंग संभव है।

स्थावर संपदा की पेशेवर मध्यस्थता सुनिश्चित करने के लिए केवल स्थावर संपदा एजेंट ही खोज प्रोफाइलों को देख सकते हैं।

इस तरह से स्थावर संपदा एजेंट और स्थावर संपदा मैचिंग पोर्टल का स्वामी एक करार में बंध जाते हैं।

किसी मिलान/ मैचिंग के बाद स्थावर संपदा एजेंट इच्छुक खरीदार से या फिर इच्छुक खरीदार स्थावर संपदा एजेंट से संपर्क कर सकता है। इसका मतलब यह भी है कि जब स्थावर संपदा एजेंट इच्छुक खरीदार को कोई प्रस्ताव भेजता है तो इसमें गतिविधि की रिपोर्ट और खरीद अथवा

किराये पर लेने की स्थिति में स्थावर संपदा एजेंट को मिलने वाले कमीशन का भी जिक्र हो।

इसके लिए आवश्यक है कि स्थावर संपदा एजेंट भूस्वामी (बिक्रीकर्ता अथवा मकान मालिक) की ओर से मध्यस्थता करने के लिए प्राधिकृत है अथवा स्थावर संपदा का प्रस्ताव दे सकने पर सहमति बन चुकी है।

6. कार्यक्षेत्र

यहां पर वर्णित स्थावर संपदा मैचिंग को आवासीय और व्यावसायिक संपत्ति उद्योग में स्थावर संपदा की बिक्री और उसे किराये पर देने के लिए इस्तेमाल किया जा सकता है। व्यावसायिक स्थावर संपदाओं के लिए अतिरिक्त संबंधित विशेषताएं आवश्यक हैं।

जैसा कि प्रचलन में है, इच्छुक खरीदार का प्रतिनिधित्व भी एक स्थावर संपदा एजेंट कर सकता है यदि वह ग्राहक के लिए काम करने हेतु अधिकृत है।

क्षेत्रवार दृष्टि से स्थावर संपदा मैचिंग पोर्टल को लगभग सभी देशों में हस्तांतरित किया जा सकता है।

7. फायदे

यह स्थावर संपदा मैचिंग इच्छुक खरीदारों के लिए उन परिस्थितियों में बहुत ही फायदेमंद है जब वे अपने क्षेत्र (निवास स्थान) में या रोजगार परिवर्तन की स्थिति में किसी अन्य शहर/ क्षेत्र में स्थावर संपदा खोजते हैं।

वे केवल एक बार अपनी खोज प्रोफाइल बनाते हैं और उनके इच्छित क्षेत्र में सक्रिय स्थावर संपदा एजेंट उन्हें उपयुक्त स्थावर संपदाओं की जानकारी भेजते हैं।

इससे स्थावर संपदा एजेंटों को बहुत फायदे होते हैं जिनका संबंध बिक्री अथवा किरायेदारी के सफल क्रियान्वयन और समय की बचत से है।

उन्हें सीधे इस बात का सीधा आंकलन मिल जाता है कि उनकी प्रस्तावित स्थावर संपदा के संदर्भ में पक्के इच्छुक खरीदार की सामर्थ्य क्या है।

इसके अलावा स्थावर संपदा एजेंट अपने संबंधित लक्षित समूह से, जिसने खोज प्रोफाइल बनाकर अपने इच्छित संपदा के संदर्भ में विचार बना लिए हैं, सीधे संपर्क कर सकता है (स्थावर संपदाओं के प्रस्ताव भेजना)।

इसके द्वारा उन इच्छित खरीदारों के साथ संपर्क की गुणवत्ता में बढ़ोत्तरी होती है, जिन्हें पता होता है कि वे क्या खोज रहे हैं। इस प्रकार से मुआयने हेतु निर्धारित भेंटों की संख्या में कमी आती है। - इस प्रकार से प्रस्तावित स्थावर संपदा के संदर्भ में मार्केटिंग में लगने वाले समय में गिरावट आती है।

इच्छुक व्यक्ति के द्वारा प्रस्तावित स्थावर संपदा के मुआयना करने की कड़ी में, आम प्रचलन के तहत, एक बिक्री करार अथवा किराया करार किया जाता है।

8. नमूना मूल्यांकन (संभावित) - केवल निजी आवास और घर (किराये पर उठे घरों और मकानों तथा व्यावसायिक स्थावर संपदाओं के बिना)

नीचे दिये गये उदाहरण से यह स्पष्ट है कि स्थावर संपदा मैचिंग पोर्टल की आमदनी की कितनी संभावनाएं हैं।

250.000 नागरिकों वाले एक नदी घाटी क्षेत्र जैसे म्योंख़ेनग्लाडबाख़ में आंकड़ों के मुताबिक लगभग 125,000 परिवार है (2 निवासी प्रति परिवार)। औसत पुनः विस्थापन की दर लगभग 10% है। इस तरह प्रतिवर्ष लगभग 12,500 परिवार पुनः विस्थापित हो जाते हैं। - यहां पर आंतरिक और बाह्य विस्थापन के बीच के अंतर पर ध्यान नहीं दिया जाता है। - इस प्रकार से लगभग 10,000 परिवार (80%) किराए पर स्थावर संपदा और

लगभग 2,500 परिवार (20%) एक व्यावसायिक स्थावर संपदा ढूंढते हैं।

म्योंख़ेनग्लाडबाख़ की सलाहकार समिति की भूसंपत्ति बाजार की रिपोर्ट के मुताबिक 2012 में 2,613 बिक्रियां हुईं। - इससे इच्छुक खरीदारों की पहले दी गई संख्या 2,500 की पुष्टि होती है। वास्तव में इच्छुक खरीदारों की संख्या इससे अधिक है क्योंकि प्रत्येक इच्छुक खरीदार को स्थावर संपदा नहीं मिलती है। गणना की दृष्टि से वास्तविक इच्छुक खरीदारों की संख्या और पक्के तौर पर खोज प्रोफाइलों के संख्या 10% की अनुमानित औसत विस्थापन दर से दोगुना ज्यादा अर्थात 25,000 होगी। इसका मतलब यह भी है कि इच्छुक खरीदार स्थावर संपदा मैचिंग पोर्टल में अधिक खोज प्रोफाइलें बना रहे हैं।

यह अब भी उल्लेखनीय है कि अनुभव के आधार पर लगभग केवल आधे इच्छुक व्यक्तियों ने (खरीदार और

किरायेदार) ने, मतलब कुल 6.250 परिवारों ने स्थावर संपदा एजेंट के माध्यम से स्थावर संपदा अर्जित की है। परंतु अनुभव के आधार पर कुल परिवारों में से कम से कम 70% परिवारों ने, अर्थात लगभग 8,750 परिवारों ने, इंटरनेट पर स्थावर संपदा पोर्टलों पर खोजबीन की (जिसका मतलब है 17,500 खोज प्रोफाइलें)।

यदि कुल इच्छुक खरीदारों में से 30% अर्थात 3,750 परिवार (जिसका मतलब है 7,500 खोज प्रोफाइलें), यदि म्योंख़ेनग्लादबाख़ जैसे शहर में स्थावर संपदा मैचिंग पोर्टल (एप - एप्लिकेशन) पर खोज प्रोफाइल बनाते हैं तो संबंधित स्थावर संपदा एजेंट प्रतिवर्ष खरीदारी के इच्छुक व्यक्तियों की 1,500 पुख्ता खोज प्रोफाइलों (20%) और किराये पर लेने के इच्छुक व्यक्तियों की 6,000 पुख्ता खोज प्रोफाइलों (80%) को उनके लिए उपयुक्त स्थावर संपदा का प्रस्ताव पेश कर सकते हैं।

इसका मतलब है कि खोज की औसत अवधि 10 महीने और इच्छुक खरीदारों की प्रत्येक प्रोफाइल के लिए 50 € प्रति महीने का नमूना मूल्य मानकर गणना करने पर 7,500 खोज प्रोफाइलों से 250,000 जनसंख्या वाले किसी शहर में 3.750.000 € प्रतिवर्ष की आमदनी।

इस गणना का जर्मनी पर, जिसकी जनसंख्या लगभग 80,000,000 (80 मिलियन) है, प्रक्षेपण करने प्रतिवर्ष 1,200,000,000 € (1.2 बिलियन €) की आमदनी की संभावना है। - यदि कुल इच्छित खरीदारों में से 30% की जगह 40% अपने लिए स्थावर संपदा की खोज मैचिंग पोर्टल के जरिये करते हैं तो आमदनी के बढ़कर 1,600,000,000 € (1.6 बिलियन €) प्रति वर्ष होने की संभावना है।

आमदनी की यह संभावना केवल निजी आवासों और घरों मात्र से है। आवासीय स्थावर संपदा क्षेत्र में किराये और

निवेश की परिसंपत्तियों और व्यावसायिक परिसंपत्तियों के संपूर्ण क्षेत्र को इस गणना में शामिल नहीं किया गया है।

जर्मनी में स्थावर संपदा उद्योग में लगभग 50,000 कंपनिया जुड़ी हैं (भागीदार निर्माण कंपनियां, स्थावर संपदा व्यवसायी और अन्य स्थावर संपदा कंपनियां) और इनमें लगभग 200,000 लोग सक्रिय हैं। यदि इन 50,000 कंपनियों में से, उदाहरण के तौर पर, ऐसे 20% को लें जो स्थावर संपदा मैचिंग पोर्टल को औसत रूप से 2 लाइसेंसों के साथ इस्तेमाल करती हैं तो 300 € प्रति महीना प्रति लाइसेंस की दर से 72,000,000 € (72 मिलियन €) प्रति वर्ष की आमदनी होने की संभावना है। इसके अलावा क्षेत्रीय खोज प्रोफाइलों के लिए क्षेत्रीय पंजीकरण की व्यवस्था होनी चाहिए ताकि इसकी डिजाइन के आधार पर आमदनी की अन्य संभावनाएं उत्पन्न की जा सकें।

पक्की खोज प्रोफाइल वाले इच्छुक खरीदारों की इस संभावना के द्वारा, स्थावर संपदा एजेंटों को खरीदारों के अपने निजी संभावित डेटाबेस को लगातार अपडेट करने की जरूरत नहीं रह जाती है। खास तौर पर इसलिए क्योंकि वास्तविक खोज प्रोफाइलों की यह संख्या स्थावर संपदा एजेंटों द्वारा अपने डेटाबेस में प्रविष्ट कराई खोज प्रोफाइलों की संख्या से आगे निकल जाएगी।

जब यह उन्नत स्थावर संपदा मैचिंग पोर्टल अन्य देशों में भी इस्तेमाल किया जाने लगेगा तब उदाहरण के तौर पर जर्मनी के इच्छुक खरीदार भूमध्य सागरीय द्वीप मायोर्का (स्पेन) में अवकाशीय आवास के लिए खोज प्रोफाइल बना सकते हैं मायोर्का से जुड़े हुए स्थावर संपदा एजेंट जर्मनी के इच्छुक खरीदार को उसके उपयुक्त अपार्टमेंट का प्रस्ताव ई-मेल के जरिये भेज सकते हैं। - यदि भेजा गया प्रस्ताव स्पेनिश में हो तो वर्तमान समय में इच्छुक

खरीदार इंटरनेट पर मौजूद अनुवाद के टूलों के माध्यम से इसे कम से कम समय में जर्मन में अनूदित कर सकते हैं।

खोज प्रोफाइलों और प्रस्तावित स्थावर संपदा की मैचिंग को भाषा से परे सार्थक बनाने के लिए स्थावर संपदा मैचिंग पोर्टल पर प्रत्येक विशेषता को एक प्रोग्राम्ड (गणनात्मक दृष्टि से) विशेषता के आधार पर - भाषा से स्वतंत्र ढंग से - अनुकूलित किया जा सकता है और प्रत्येक भाषा को तत्पश्चात श्रेणीकरण किया जाता है।

स्थावर संपदा मैचिंग पोर्टल के सभी महाद्वीपों में इस्तेमाल होने पर पहले दी गई आमदनी की संभावना की गणना (केवल खोज के इच्छुक व्यक्ति) को निम्न प्रकार से दिखाया जा सकता है।

विश्व की जनसंख्या:

7,500,000,000 (7.5 बिलियन) वासी

1. औद्योगीकृत देशों और अति-औद्योगीकृत देशों की जनसंख्या:

   2.000.000.000 (2.0 बिलियन) वासी

2. नव-औद्योगीकृत देशों की जनसंख्या:

   4,000,000,000 (4.0 बिलियन) वासी

3. विकासशील देशों की जनसंख्या:

   1.500.000.000 (1.5 बिलियन) वासी

जर्मनी में 80 मिलियन लोगों से 1.2 बिलियन € की वार्षिक आमदनी की संभावना की गणना नीचे दिये गये

घटकों के साथ औद्योगीकृत, नव-औद्योगीकृत और विकासशील देशों के मामलों में की जाती है या इसे उन पर प्रक्षेपित किया जाता है।

1. औद्योगीकृत देश: 1.0

2. नव-औद्योगीकृत देश: 0.4

3. विकासशील देश: 0.1

इस तरह से वार्षिक आमदनी की संभावना की गणना की जाती है (1.2 बिलियन € x जनसंख्या (औद्योगीकृत, नव-औद्योगीकृत अथवा विकासशील देश) / 80 मिलियन नागरिक x घटक).

1. औद्योगीकृत देश: 30.00 बिलियन €

2. नव-औद्योगीकृत देश: 24.00 बिलियन €

3. विकासशील देश: 2.25 बिलियन €

   कुल: **56.25 बिलियन €**

9. निष्कर्ष

यहां पर उल्लिखित स्थावर संपदा मैचिंग पोर्टल स्थावर संपदा की खोज करने वालों (इच्छुक खरीदार) और स्थावर संपदा एजेंटों के लिए बहुत लाभप्रद है।

1. इच्छुक खरीदारों के लिए उपयुक्त स्थावर संपदा की खोज में लगने वाला समय घटता है क्योंकि इच्छुक खरीदार केवल एक बार अपनी प्रोफाइल बनाते हैं।

2. स्थावर संपदा एजेंटों को इच्छुक खरीदारों की संख्या और उनकी पुख्ता प्राथमिकताओं (खोज प्रोफाइल) का एक संक्षिप्त विवरण मिल जाता है।

3. इच्छुक खरीदार स्थावर संपदा एजेंटों से केवल मनचाही और उपयुक्त स्थावर संपदा (खोज

प्रोफाइल के अनुसार) प्रस्ताव प्राप्त करते हैं (एक प्रकार का ऑटोमैटिक पूर्व-चयन)।

4. स्थावर संपदा एजेंटों के निजी खोज प्रोफाइल डेटाबेस के रखरखाव में होने वाले खर्चे में भी कटौती होती है क्योंकि पहले से ही ढेरे सारी खोज प्रोफाइलें मौजूद हैं।

5. स्थावर संपदा मैचिंग पोर्टल से केवल व्यावसायिक प्रदायक/ स्थावर संपदा एजेंट जुड़े हुए हैं इसलिए इच्छुक खरीदारों को केवल पेशेवर और बहुत ही अनुभवी मध्यस्थों का सामना करना पड़ता है।

6. स्थावर संपदा एजेंट मुआयनों की संख्या और कुल मिलाकर स्थावर संपदा की मार्केटिंग अवधि को घटाते हैं। और दूसरी ओर इच्छुक खरीदार की ओर से भी मुआयनों की संख्या में और बिक्री अथवा किराया करार होने तक की अवधि में कमी आती है।

7. इसी प्रकार से बिक्री करने वाले अथवा किराये पर देने वाले भवन स्वामियों के समय की भी बचत होती है। इसके अलावा किराये की संपत्ति के खाली रहने की अवधि में कमी और तीव्र बिक्री अथवा किराये के द्वारा स्थावर संपदा के बिक्री मूल्य का शीघ्र भुगतान, और इस तरह से एक आर्थिक फायदा।

इस परिकल्पना को वास्तविक रूप देकर और इसे क्रियान्वयित कर स्थावर संपदा की मध्यस्थता में महत्त्वपूर्ण प्रगति हासिल की जा सकती है।

10. स्थावर संपदा के मूल्यन के साथ स्थावर संपदा मैचिंग पोर्टल का एक नए स्थावर संपदा एजेंट सॉफ्टवेयर में समाकलन

आदर्श रूप से यहां पर उल्लिखित स्थावर संपदा मैचिंग पोर्टल शुरुआत से ही एक नये - और आदर्शतः एक वैश्विक उपयोगी - स्थावर संपदा एजेंट सॉफ्टवेयर का हिस्सा होना चाहिए। इसका मतलब है कि स्थावर संपदा एजेंट, स्थावर संपदा मैचिंग सॉफ्टवेयर को अपने स्थावर संपदा एजेंट सॉफ्टवेयर के अलावा उपयोग कर सकता है अथवा आदर्श रूप में नए स्थावर संपदा एजेंट सॉफ्टवेयर को उसमें शामिल स्थावर संपदा मैचिंग पोर्टल के साथ इस्तेमाल कर सकता है।

इन कुशल और उन्नत स्थावर संपदा मैचिंग पोर्टलों के एक निजी स्थावर संपदा एजेंट सॉफ्टवेयर में समाकलित करने से स्थावर संपदा एजेंट सॉफ्टवेयर के लिए एक

मूलभूत विशिष्टता पैदा होती है जो बाजार में पैठ बनाने के लिए महत्त्वपूर्ण है।

स्थावर संपदा की मध्यस्थता में उनका मूल्यांकन हमेशा से एक महत्त्वपूर्ण पहलू रहा है और रहेगा इसलिए स्थावर संपदा एजेंट सॉफ्टवेयर में एक स्थावर संपदा मूल्यन टूल निश्चित रूप से समाकलित होना चाहिए। इस संपर्क के माध्यम से, संबंधित गणना के साथ स्थावर संपदा मूल्यन के जरिये स्थावर संपदा एजेंट द्वारा से पेश की गई / प्रस्तावित स्थावर संपदाओं के आंकड़ों/ मानदण्डों को देखा जा सकता है। कोई मानदण्ड नहीं होने की स्थिति में स्थावर संपदा एजेंट अपने क्षेत्रीय बाजारी अनुभव के द्वारा इसे भर सकता है।

इसके अतिरिक्त स्थावर संपदा सॉफ्टवेयर में प्रस्तावित स्थावर संपदा के वर्चुअल भ्रमण की संभावना को भी समाकलित किया जाना चाहिए। इसे बहुत आसान तरीके से क्रियान्वित किया जा सकता है जैसे कि मोबाइल फोन और / अथवा टैबलेट के लिए एक अतिरिक्त एप्लिकेशन विकसित की जाती है जो कि स्थावर संपदा वर्चुअल भ्रमण के सफल समाकलन के बाद स्थावर संपदा एजेंट सॉफ्टवेयर में एकीकृत की जा सकती है अथवा जोड़ी जा सकती है।

यदि इस कुशल और उन्नत स्थावर संपदा मैचिंग पोर्टल को एक नए स्थावर संपदा एजेंट सॉफ्टवेयर में स्थावर संपदा मूल्यन के साथ ही साथ समाकलित कर दिया जाता है तो आमदनी की संभावना में अच्छी खासी बढ़ोत्तरी हो सकती है।

माथियास फीदलरा

कोर्शेनब्रोइख़, 31.10.2016

माथियास फीडलर

एरिका फ़ॉन ब्रॉकडॉर्फ स्ट्रास्स. 19

41352 कोर्शेनब्रोइख़

जर्मनी

www.matthiasfiedler.net

www.ingramcontent.com/pod-product-compliance
Lightning Source LLC
Chambersburg PA
CBHW071524210326
41597CB00018B/2889